Medio ho Cosecha Libro de cocina para principiantes

Aproveche todo el poder de las comidas con recetas súper rápidas, súper fáciles y agradables para perder peso fácilmente. Recetas instantáneas, listas para comer y fáciles de hacer

ÍNDICE DE CONTENIDOS

DESAYUNO

Palitos de melaza

Tiempo de preparación: 20 minutos

Tiempo de cocción: 18 minutos

Porciones: 12

Ingredientes

- 2 cucharadas de azúcar moreno
- 1 taza de agua caliente
- 1 paquete (¼ de onza) de levadura seca
- 1½-2 tazas de harina de pan
- 1½ tazas de harina de trigo integral
- ½ taza más 2 cucharadas de harina de maíz
- 2 cucharadas de melaza ligera
- 2 cucharadas de mantequilla derretida
- 2 huevos
- 1½ cucharaditas de sal
- 1 cucharada de agua fría

Direcciones

1. Para los palitos de pan: en el bol de una batidora de pie, disuelva el azúcar moreno y la levadura en el agua caliente. Añada ½ taza de harina de pan, la harina de trigo, ½ taza de harina de maíz, la melaza, la mantequilla, 1 huevo y la sal, y bata a velocidad media hasta que se forme una masa. Añadir el resto de la harina de pan y batir hasta que se forme una masa.

2. Colocar la masa en una superficie enharinada y, con las manos, amasar hasta que esté suave y elástica. Ahora, transfiera la masa a un bol bien engrasado y gire para

cubrirla. Con un envoltorio de plástico, cubra el bol y déjelo en un lugar cálido durante aproximadamente 1 hora.

3. Con las manos, golpear la masa hacia abajo. Coloque la masa en una superficie enharinada y córtela en 12 trozos. Forme cada pieza de masa en palitos de 9x½ pulgadas. Coloque los palitos de pan en bandejas para hornear engrasadas con una separación de unos 5 cm. Cubra cada bandeja con un plástico y déjela en un lugar cálido durante unos 20-30 minutos. Prepare el horno y ajuste la temperatura a 375 grados.

4. Para el lavado de huevos: Remover el huevo y 1 cucharada de agua fría. Cubrir los palitos de pan con la mezcla de huevo y espolvorear con harina de maíz.

5. Hornear durante unos 13-18 minutos o hasta que la parte superior se dore.

6. Saque del horno y transfiera las bandejas de hornear a rejillas para que se enfríen completamente.

Nutrición: 177 calorías 3,2g de grasa total 4,8g de proteínas 31g de carbohidratos

Tomate a la parrilla

Tiempo de preparación: 5 minutos

Tiempo de cocción: 20 minutos

Porción: 2

Ingredientes:

- 2 Tomates
- hierbas
- pimienta

Direcciones:

1. Lavar los tomates y cortarlos por la mitad. Rocía pimienta por ambos lados de los tomates y espolvorea tus hierbas favoritas, ya sea perejil, orégano, albahaca, romero, salvia, etc.
2. Coloca los tomates en la bandeja y ponlos en la freidora a una temperatura de 160 grados durante 20 minutos. Comprueba los tomates según tu gusto y si no están hechos dales un poco más de calor. Sírvelos con tus hierbas favoritas o con queso.

Nutrición: 27 calorías 8g de grasa

Tortitas

Tiempo de preparación: 5 minutos

Tiempo de cocción: 5 minutos

Porciones: 4

Ingredientes:

- 1 huevo
- 1 plátano
- Miel, Nutella, caramelo (opcional)

Direcciones:

1. Poner un huevo en un bol. Machaca un plátano en él. Cuando esté completamente machacado. Rocía un poco de aceite en la cesta de la freidora.

2. Programar la temperatura durante 5 minutos a 200 grados Esperar 5 minutos, cuando esté totalmente dorado.

3. Pásalo a un plato y ponle tu pasta para untar o miel favorita.

Nutrición: 90 calorías 14g de grasas 3g de fibra

Salsas Huevo y Queso

Tiempo de preparación: 4 minutos

Tiempo de cocción: 7 minutos

Porciones: 4

Ingredientes:

- Hamburguesas de salchicha
- Huevo
- Queso
- Recipiente apto para la freidora
- Bollos o rodajas

Direcciones:

1. Ponga las hamburguesas en la freidora de aire y programe la temperatura a 200 grados durante 5 minutos.
2. Corta el bollo por la mitad y ponle las lonchas de queso. Ponerlo en la freidora de aire durante 3 minutos a 300 grados.
3. Poner el aceite en un bol apto para la freidora y poner el huevo batido con un poco de pimienta y sal mezcladas. Poner el bol en la freidora de aire durante tres minutos a 360 grados.
4. Consejo: si tienes una rejilla pon las tres cosas en la freidora de aire a 3600 grados durante 3 minutos, luego saca los bollos y pon un temporizador para otros tres minutos.

5. Poner el huevo en el medio bollo y la salchicha en la otra mitad.

6. Ahora júntalos todos y disfruta de tu desayuno.

Nutrición: 101 calorías 12g de grasas 3g de fibra

Bocadillos de queso

Tiempo de preparación: 3 minutos

Tiempo de cocción: 7 minutos

Raciones: 2

Ingredientes:

- 2 rebanadas de pan
- ½ taza de queso mozzarella
- 1 rebanada de queso cheddar americano
- 1 cucharada de mantequilla

Direcciones:

1. Calentar la mantequilla en el microondas durante 20 segundos. Precalentar la freidora a 200 grados durante 5 minutos. Unte las rebanadas con mantequilla derretida. Colocar el queso cheddar en los lados opuestos de las rebanadas.
2. Añade queso mozzarella sobre ella. Coge la otra rebanada y ponla sobre la rebanada con queso cheddar y mozzarella. Póngalo en la cesta de la freidora.
3. Poner el temporizador a 200 grados durante 7 minutos. Sácalo y sírvelo con la salsa o pasta que quieras.

Nutrición: 170 calorías 11g de grasas 3g de proteínas

Soufflé de desayuno

Tiempo de preparación: 10 minutos

Tiempo de cocción: 5 minutos

Porciones: 4

Ingredientes:

- 4 Huevos
- Pimiento rojo
- Perejil
- 4 cucharadas de crema ligera

Direcciones:

1. En primer lugar, coge el perejil y la guindilla y pícalos finamente. Tomar un tazón, colocar los huevos en él y mezclarlo con el perejil de pimienta y la crema.

2. Ahora coge la mezcla de huevos y rellena los platos casi hasta la mitad con ella. Sólo durante 8 minutos hornea los suflés a 200°C.

3. En caso de que tenga que servir los soufflés beaux (suaves), el tiempo de cocción de 5 minutos es suficiente.

Nutrición: 98 calorías 11g de grasas 1g de fibra

Huevos en un todo

Tiempo de preparación: 10 minutos

Tiempo de cocción: 5 minutos

Raciones: 2

Ingredientes

- 2 rebanadas de pan
- Mantequilla
- 2 huevos.

Direcciones:

1. Precalentar la freidora de aire a 360 grados durante 5 minutos'. Unte la sartén con mantequilla. Coger una rebanada y cortar un círculo en el centro con un vaso.
2. A continuación, repita también para la segunda. Poner las rebanadas sobre la mantequilla. Poner un huevo en el centro de cada rebanada.
3. Programar el temporizador para 5 minutos a 360 grados. Cambie el lado de la rebanada. Sírvalo con sus hierbas favoritas o con pimienta negra.

Nutrición: 77 calorías 12g de grasas 3g de proteínas

Patatas para el desayuno

Tiempo de preparación: 5 minutos

Tiempo de cocción: 15 minutos

Porciones: 4

Ingredientes:

- 2 patatas
- Un tomate
- Una cebolla
- Pimienta

Direcciones:

1. Lavar las patatas y pelarlas o no pelarlas como se desee. Cortar las patatas en cubos y ponerlas en la freidora de aire y rociar un poco de aceite Ponerlas durante 10 minutos a la temperatura de 400 grados.
2. Saca la cesta y pon un poco de cebolla y tomates picados. Rocía un poco más de aceite. Ponerlos durante 15 minutos más a la misma temperatura. Sácalos en un plato.
3. Espolvoree un poco de pimienta y sírvalos.

Nutrición: 101 calorías 11g de grasas 4g de proteínas

Patatas fritas al aire libre

Tiempo de preparación: 10 minutos

Tiempo de cocción: 50 minutos

Porciones: 4

Ingredientes:

- 1 kg de patatas
- 1 cucharada de grasa de pato
- Sal Maldon

Direcciones:

1. Lavar bien las patatas y pelarlas. Cortarlas en rodajas finas. Colócalas en un bol grande con agua fría, lo que liberará el almidón de las patatas y las hará más crujientes que nunca.
2. Calentar la grasa de pato durante 2 minutos. Colar el agua de las patatas y hacerlas secar.
3. Añádalo a la cesta de la freidora y cocínelo durante 40-50 minutos. Pasar a una fuente y espolvorear con sal Maldon. Servir caliente y templado.

Nutrición: 201 calorías 3,1g de grasa

APERITIVO Y GUARNICIONES

Mezcla de calabazas con perejil

Tiempo de preparación: 10 minutos

Tiempo de cocción: 45 minutos

Porciones: 4

Ingredientes:

- 2 cucharadas de aceite de oliva
- 1 calabaza de espaguetis, sin semillas y partida por la mitad
- Sal y pimienta negra molida, al gusto
- 2 dientes de ajo, pelados y picados
- 1 cucharada de perejil fresco picado
- 1 cucharada de albahaca fresca picada
- 3 cucharadas de piñones

Direcciones:

1. Poner las mitades de calabaza en una bandeja de horno forrada, hornear a 350ºF durante 40 minutos, raspar la calabaza y ponerla en un bol. Calentar una sartén con el aceite a fuego medio-alto, agregar el ajo, la calabaza y el resto de los ingredientes, revolver, cocinar por 5 minutos, dividir en platos y servir como guarnición.

Nutrición: 162 Calorías 8g Grasa 2g Fibra 16g Carbohidratos 4g Proteína

Mezcla de calabacín y albahaca

Tiempo de preparación: 10 minutos

Tiempo de cocción: 5 minutos

Porciones: 4

Ingredientes:

- 3 calabacines en espiral
- 1 taza de hojas de albahaca
- Una pizca de sal y pimienta negra
- ½ cucharada de aceite de oliva
- 1 taza de espinacas
- 2 dientes de ajo, pelados y picados
- 1 aguacate, sin hueso y pelado
- ⅓ taza de anacardos tostados
- Zumo y ralladura de 1 lima

Direcciones:

1. Calentar una sartén con el aceite a fuego medio-alto, añadir los fideos de calabacín, remover y cocinar durante 4 minutos. En un procesador de alimentos, mezclar la albahaca con la sal y el resto de los ingredientes y pulsar bien. Combinar los calabacines con la mezcla de albahaca, mezclar y servir.

Nutrición: 200 calorías 4g de grasa 4g de fibra 10g de carbohidratos 8g de proteína

Mezcla de judías verdes

Tiempo de preparación: 10 minutos

Tiempo de cocción: 10 minutos

Porciones: 4

Ingredientes:

- 4 tomates, sin corazón y en rodajas
- 2 dientes de ajo picados
- ½ taza de almendras, tostadas y cortadas en rodajas
- 1 libra de judías verdes, recortadas
- 1 cucharada de aceite de oliva
- 1 cucharada de perejil picado
- Sal y pimienta negra molida, al gusto

Direcciones:

1. Calentar una sartén con el aceite de oliva a fuego medio-alto, añadir el ajo, remover y cocinar durante 1 minuto. Añadir las judías verdes y el resto de los ingredientes, cocinar durante 8-9 minutos más, repartir en los platos y servir.

Nutrición: 140 calorías 2g de grasa 6g de fibra 12g de carbohidratos 5g de proteína

Ensalada de patatas rojas

Tiempo de preparación: 15 minutos

Tiempo de cocción: 15-20 minutos

Raciones: 4-5

Ingredientes:

- 6-7 patatas rojas medianas, lavadas y cortadas en trozos
- 1 taza de mayonesa
- ½ cucharada de mostaza marrón
- ¾ de cucharadita de vinagre blanco
- ¾ de cucharadita de sal de apio
- 4 huevos duros, cortados en trozos grandes
- 1 ó 2 tallos de apio, cortados en rodajas finas
- ¾ de taza de cebollas, cortadas en rodajas
- 4 rebanadas de tocino cocido y desmenuzado
- Sal y pimienta al gusto
- Cebollino fresco picado para decorar

Direcciones:

1. Poner los trozos de patata en una cacerola mediana y cubrirlos con agua fría. Llevar a ebullición a fuego medio-alto. Una vez que las patatas hayan hervido, reduzca el fuego a medio-bajo y continúe la cocción de 8 a 10 minutos hasta que estén tiernas. Escurrir las patatas y reservarlas. En otro bol grande, combine la mayonesa, la mostaza, el vinagre, la sal de apio, los huevos, la cebolla, el tocino y el apio. Mezcle bien todos los

ingredientes y, por último, añada las patatas. Sazone al gusto con sal y pimienta. Enfríe la ensalada durante una noche o al menos 2 horas, y adórnela con cebollino antes de servirla.

Nutrición: Calorías: 296 Grasas: 123g Fibra: 6g Carbohidratos: 31g Proteínas: 6 g

Okra frita crujiente

Tiempo de preparación: 10 minutos

Tiempo de cocción: 15-20 minutos

Raciones: 3-4

Ingredientes:

- 10 vainas de okra
- 1 taza de harina de maíz
- ¼ de cucharadita de pimienta molida
- ½ taza de aceite vegetal
- ¼ de cucharadita de sal
- 1 huevo
- Sal Kosher y vinagre de pimienta blanca, para servir

Direcciones:

1. Bata el huevo en un bol grande y sumerja el quimbombó en él durante 10 minutos. En otro bol mediano, combine la sal, la pimienta y la harina de maíz. Caliente el aceite en una sartén grande a fuego medio-alto. Sumerja el quimbombó en la mezcla de harina de maíz, cubriéndolo uniformemente por todos los lados. Coloque la okra en el aceite caliente, reduzca el fuego a medio-bajo cuando la okra empiece a dorarse. Remover continuamente. Escurrir en papel absorbente y servir con vinagre de sal y pimienta.

Nutrición: Calorías: 250 Grasas: 10g Fibra: 5g Carbohidratos: 22,5g Proteínas: 4g

ALMUERZO

Costillas a la pimienta

Tiempo de preparación: 10 minutos

Tiempo de cocción: 4 horas

Porciones: 8

Ingredientes:

- 4 libras de costillas cortas, con hueso
- Ocho granos de pimienta
- 2 tazas de carne de vacuno baja en sodio
- Una cebolla, cortada en dados
- Dos zanahorias peladas y cortadas en dados
- Dos tallos de apio, cortados en dados
- Cuatro clavos de olor picados
- 1 cucharadita de tomillo
- 1 cucharadita de romero
- Dos hojas de laurel
- 2 cucharaditas de sal
- 2 cucharaditas de pimienta negra
- Aceite de oliva virgen extra

Direcciones:

1. Calentar el aceite de oliva virgen extra en una sartén. Añade la cebolla y el ajo, y saltéalos hasta que se doren.

2. Coloque la mezcla de cebolla en una olla de cocción lenta, añada las costillas, las zanahorias, el tallo de apio, los clavos, el tomillo, el romero, los granos de pimienta, las hojas de laurel, la sal y la pimienta negra.
3. Cocine a fuego alto durante 4 horas.

Nutrición: Calorías 520 Carbohidratos 3,7 g Grasas 24 g Proteínas 67 g Sodio 923 mg

Salchicha italiana picante y fideos de calabacín

Tiempo de preparación: 20 minutos

Tiempo de cocción: 4 horas

Porciones: 6

Ingredientes:

- 6 salchichas italianas picantes de cerdo
- Una cebolla, pelada y cortada en dados
- 2 tazas de caldo de pollo bajo en sodio
- Un tomate, cortado en dados
- Cuatro calabacines pelados
- 1 cucharadita de orégano
- 1 cucharadita de sal
- 1 cucharadita de pimienta negra
- Aceite de oliva virgen extra

Direcciones:

1. Cubre la olla de cocción lenta con un poco de aceite de oliva virgen extra y ponla a fuego alto.
2. Corta la salchicha en rodajas de ½" de grosor y colócala en una olla de cocción lenta.
3. Calienta 3 cucharadas de aceite de oliva virgen extra en una sartén, añade la cebolla y el ajo, saltéalos un minuto y añádelos a la olla de cocción lenta.

4. Añadir los tomates, el orégano y una cucharadita de sal y pimienta negra junto con el caldo de pollo, tapar y cocinar durante 4 horas.

5. Usando la mandolina, cortar el calabacín verticalmente para crear finos fideos de calabacín.

6. Cubra los fideos de calabacín con la salchicha italiana picante y sirva.

Nutrición: Calorías 254 Carbohidratos 8,5 g Grasas 14 g Proteínas 24 g Sodio 1044 mg

Lasaña de coliflor con carne

Tiempo de preparación: 20 minutos

Tiempo de cocción: 5 horas

Porciones: 8

Ingredientes:

- 1 libra de carne picada
- Una cabeza de coliflor pequeña
- Una cebolla roja, cortada en dados
- Cuatro dientes de ajo picados
- 2 tazas de tomate triturado
- 1 taza de mozzarella rallada
- Un huevo
- 1 cucharadita de orégano
- Una hoja de laurel
- 1 cucharadita de pimienta negra
- 1 cucharadita de sal
- Aceite de oliva virgen extra

Direcciones:

1. Pincela la olla de cocción lenta con aceite de oliva y ponla a fuego medio-alto.
2. Separar la coliflor en ramilletes, pelar la capa exterior del tallo de la coliflor y cortarlo en dados.
3. Ponga la coliflor en el procesador de alimentos, púlsela hasta obtener gránulos similares a los del arroz, rompa

un huevo en la coliflor y mézclelo con ½ cucharadita de sal.

4. Ponga 3 cucharadas de aceite de oliva en una sartén, añada la carne picada, dórela, añada los tomates triturados, el orégano, la hoja de laurel, la pimienta negra y ½ cucharadita de sal, mezcle.

5. Coloca ½ de la mezcla de coliflor en una olla de cocción lenta, luego pon una capa de 1/3 de la mezcla de carne y ½ de queso, coloca el resto de la coliflor encima.

6. Colocar el resto de la salsa sobre la coliflor y espolvorear con el resto del queso.

7. Cocinar a fuego medio-alto durante 5 horas.

Nutrición: Calorías 342 Carbohidratos 8,2 g Grasas 14 g Proteínas 45 g Sodio 681 mg

Chili Verde

Tiempo de preparación: 10 minutos

Tiempo de cocción: 7 horas

Porciones: 8

Ingredientes:

- 1½ lbs. de paleta de cerdo
- ½ libra de solomillo, cortado en cubos
- 4 chiles Anaheim, sin tallo
- Seis dientes de ajo picados
- ½ taza de cilantro picado
- Dos cebollas peladas y cortadas en rodajas
- Dos tomates picados.
- 1 cucharada de pasta de tomate
- Una lima
- 1 cucharada de comino
- 1 cucharada de orégano
- Aceite de oliva virgen extra

Direcciones:

1. Corta la paleta de cerdo en cubos de ½", y pon la olla a fuego lento. Calienta el aceite en una sartén, añade las cebollas, los chiles Anaheim y el ajo, y saltea durante 2 minutos.

2. Poner la mezcla de la sartén en una olla de cocción lenta, añadir la paleta de cerdo, el solomillo y remover.

3. Añade a la olla los tomates, el cilantro, la pasta de tomate, el comino, el orégano y la sal.
4. Tapar y cocinar durante 7 horas.
5. Exprime un poco de lima en cada cuenco al servir.

Nutrición: Calorías 262 Carbohidratos 6 g Grasa 16 g Proteína 23 g Sodio 63 mg

CENA

Chuletas de cerdo con mantequilla de romero

Tiempo de preparación: 5 minutos

Tiempo de cocción: 20 minutos

Porciones: 4

Ingredientes:

- ½ cucharada de aceite de oliva
- 2 cucharadas de mantequilla
- 1 cucharada de romero
- Cuatro chuletas de cerdo
- Sal y pimienta negra al gusto
- Una pizca de pimentón
- ½ cucharadita de chile en polvo

Direcciones:

1. Frote las chuletas de cerdo con aceite de oliva, sal, pimienta negra, pimentón y chile en polvo. Caliente una parrilla a fuego medio, añada las chuletas de cerdo y cocínelas durante 10 minutos, dándoles la vuelta una vez a mitad de camino.

2. Retirar a un plato para servir. En una sartén a fuego lento, calentar la mantequilla hasta que adquiera un

color marrón nuez. Verter sobre las chuletas de cerdo, espolvorear con romero y servir.

Nutrición: Calorías 363 Grasas 21,4 g Carbohidratos 3,8 g Proteínas 38,5 g

Solomillo de ternera

Tiempo de preparación: 15 minutos

Tiempo de cocción: 15 minutos

Porciones: 4

Ingredientes:

- 6 cucharadas de mantequilla salada, ablandada y dividida
- 2 dientes de ajo, picados finamente
- 4 oz. Setas, picadas finamente
- 1 cucharada de aceite de aguacate
- 1 1/2 lbs. Filetes de solomillo de ternera, cortados en rodajas
- Sal y pimienta, según sea necesario

Direcciones:

1. En primer lugar, eche dos cucharadas de mantequilla en una cacerola caliente a fuego medio-alto.
2. Una vez que la mantequilla se haya derretido, añada los champiñones.
3. Cocínelos durante 4 minutos o hasta que estén dorados.
4. Ahora, añada el ajo, la sal y la pimienta y saltee durante un minuto.
5. Pasar las setas a un plato y reservarlas.
6. Con un tenedor, cubra los champiñones con la mantequilla restante.

7. A continuación, guarde la mantequilla en papel encerado y enróllela en un tronco envolviéndola. Enfríala hasta que sea necesario utilizarla.

8. Mantener los filetes a temperatura ambiente unas 2 horas antes de su cocción.

9. A continuación, se pone una cacerola grande a fuego medio-alto, y en ella se vierte el aceite.

10. Cuando el aceite esté caliente, añade los filetes y cocínalos durante 5 minutos por cada lado. Consejo: Si es más grueso, se necesita más tiempo.

11. Retire la sartén del fuego y apártela durante 3 minutos o hasta que la temperatura interna de la carne alcance entre 140F y 150F.

12. Servir caliente con la mantequilla fría por encima.

Nutrición: Calorías: 406Kcal Carbohidratos: 2.3g Grasa: 24.1g Proteínas: 38.1g

Pollo a la mantequilla con coles de Bruselas

Tiempo de preparación: 5 minutos

Tiempo de cocción: 30 minutos

Porciones: 4

Ingredientes:

- 8 pechugas de pollo
- Tres dientes de ajo,
- picado finamente
- 1 libra de coles de Bruselas,
- enteros o cortados por la mitad
- ¾ de taza de caldo de pollo
- ½ cucharadita de sal marina
- 2 cucharaditas de mantequilla, preferiblemente de pasto
- ¼ de cucharadita de pimienta negra

Direcciones:

1. Comienza colocando los trozos de pollo en una cacerola grande a fuego medio-alto.
2. Ahora, salpimentar por encima. Saltéelo durante 3 o 4 minutos o hasta que el pollo esté cocido y se dore ligeramente en la parte inferior.
3. Darles la vuelta y salpimentar. Cocinar durante unos minutos.
4. Poner el pollo cocido en un plato y añadir las coles de Bruselas a la sartén.

5. A continuación, vierta el caldo de pollo y déjelo cocer a fuego lento durante unos 10 minutos.

6. Vuelva a poner los trozos de pollo al fuego y cocínelos durante unos minutos o hasta que el pollo esté completamente cocido.

7. Por último, añada la mantequilla y el ajo a la sartén. Sofría el ajo durante 2 minutos o hasta que esté aromático.

8. Vierta la mantequilla de ajo sobre el pollo y las coles de Bruselas. Cubrir bien y remover.

9. Páselo a la fuente de servir y sírvalo caliente. Adórnalo con pimienta negra.

Nutrición: Calorías: 446Kcal Carbohidratos: 8g Grasa: 15.1 Proteínas: 63.7g

Salteado de cerdo

Tiempo de preparación: 5 minutos

Tiempo de cocción: 20 minutos

Porciones: 4

Ingredientes:

- 10 oz. de flores de brócoli
- 2 cucharadas de aceite de sésamo
- 1 zanahoria, cortada en rodajas finas en forma de bastones
- 2 cucharadas de Tamari
- 1 lb. Lomo de cerdo, cortado en rodajas
- 2 dientes de ajo picados
- ½ cucharadita de jengibre fresco y picado

Direcciones:

1. En primer lugar, echa una cucharada de aceite en una cacerola grande y caliéntala a fuego medio-alto.
2. Una vez que el aceite se calienta, se añade la carne de cerdo y se cocina durante 6 minutos o hasta que se dore.
3. Luego, vierta el resto del aceite en la sartén a fuego alto.
4. Después, añadir el ajo y remover durante 30 segundos o hasta que esté fragante.
5. Ahora, añada el brócoli y mezcle bien.
6. Continuar la cocción durante 5 minutos o hasta que estén tiernos y ablandados. Tapa durante otros 2
7. minutos mientras se mantiene cubierto.

8. Por último, devuelva la carne de cerdo a la sartén y añada el jengibre y la salsa tamari. Remueva hasta que las verduras se preparen a su gusto continuamente.

Nutrición: Calorías: 247Kcal Carbohidratos: 8g Grasa: 12g Fibra: 3g Grasa saturada: 2g Azúcar: 3g Proteínas: 27g Sodio: 326m

Sopa de coliflor

Tiempo de preparación: 5 minutos

Tiempo de cocción: 25 minutos

Porciones: 4

Ingredientes:

- 1 cucharada de mantequilla, preferiblemente de pasto
- 1 cabeza de coliflor, cortada en ramilletes
- ½ taza de cebolla, cortada en dados finos
- 1 ½ tazas de caldo de verduras
- Cinco dientes de ajo finamente picados
- ½ taza de zanahorias, cortadas en dados
- Sal, al gusto
- ¼ de taza de queso crema
- 1 cucharadita de pimienta recién molida
- ½ cucharadita de orégano seco
- Aceite de oliva, según sea necesario

Direcciones:

1. Comience por calentar un horno holandés a fuego medio, y revuelva la mantequilla, las cebollas y el ajo.
2. Cocinar durante 4 minutos o esperar a que las cebollas se ablanden.
3. A continuación, añada las zanahorias, el pimiento, la coliflor, el orégano, el caldo de verduras y la sal a la olla.
4. Llevar la mezcla a ebullición y dejarla cocer a fuego lento. Reduzca el fuego.

5. Cocer a fuego lento durante 15 minutos o hasta que la coliflor esté blanda y cocida.

6. Retirar del fuego. Con una batidora de inmersión, licuar la sopa parcialmente.

7. Ahora, vuelva a poner la sopa en el fuego. Vierte una taza de caldo junto con el queso crema.

8. Combinar.

9. Cocer a fuego lento durante 10 minutos más. Rociar con aceite de oliva y servir caliente.

Nutrición: Calorías: 130Kcal Carbohidratos: 10g Grasa: 7g Proteínas: 5g

Ensalada de pollo Cobb

Tiempo de preparación: 10 minutos

Tiempo de cocción: 10 minutos

Porciones: 4

Ingredientes:

- 1/2 libra de pollo, en rodajas
- ¼ cucharadita de pimentón ahumado
- 2 Huevos duros y picados
- 2 cucharadas de aceite de oliva
- Sal y pimienta, según sea necesario
- 4 lonchas de jamón
- ¼ cucharadita de cebolla en polvo
- ½ de 1 aguacate, mediano y en rodajas
- ½ taza de pepinos picados
- 3 tazas de verduras de su elección
- ½ taza de tomates cherry cortados en cuartos

Direcciones:

1. Primero, marinar el pollo con sal, cebolla en polvo, pimienta y pimentón ahumado. Póngalo a un lado.
2. Calentar una sartén grande de hierro fundido a fuego medio-bajo.
3. Incorpore el pollo y dórelo durante 4 minutos por cada lado o hasta que el pollo esté cocido. Córtalo en rodajas una vez que se haya enfriado.

4. Colocar el resto de los ingredientes necesarios para hacer la ensalada junto con el pollo.
5. Sírvelo con el aderezo justo antes de servirlo.
6. Disfruta.

Nutrición: Calorías: 130Kcal Proteínas: 5g Fibra: 4g Grasa: 7g Carbohidratos: Azúcar: 4g Sodio: 454mg

Pizza de coliflor

Tiempo de preparación: 10 minutos

Tiempo de cocción: 30 minutos

Porciones: 6

Ingredientes:

- 1 cabeza de coliflor, mediana y finamente picada
- 1 taza de queso mozzarella rallado
- 1 Huevo, grande y preferiblemente de granja
- Sal y pimienta, al gusto

Direcciones:

1. En primer lugar, coloque las chuletas de coliflor en el procesador de alimentos y procéselas hasta que estén trituradas. Consejo: No procesar en exceso y hacer un puré.
2. A continuación, pasar la coliflor triturada a un bol de cristal y calentarla en el microondas durante 5 minutos o hasta que esté blanda.
3. Después, pasa la coliflor ablandada a un paño de cocina limpio y apriétala bien para eliminar toda la humedad. Consejo: No debe tener nada de humedad, ya que entonces la masa de la pizza no estará crujiente.
4. Ahora, guarde la coliflor exprimida en un bol de tamaño grande y añada el huevo, el queso rallado y los condimentos.
5. Combinar bien hasta obtener una masa de coliflor.

6. A continuación, transfiera la "masa" de coliflor a una bandeja de horno forrada con papel pergamino y extiéndala uniformemente.

7. Aplique aceite de oliva sobre la costra de coliflor y hornee a 180 C o 350 F durante 14 minutos o hasta que tenga un color dorado.

8. Por último, ponle los aderezos que prefieras y adórnalo con más queso.

9. Hornear durante 5 minutos más o hasta que el queso esté pegajoso y burbujeante.

10. Sírvelo caliente.

Nutrición: Calorías: 236Kcal Carbohidratos: 4g Grasa: 15.5g Proteínas: 17.8g

Solomillo

Tiempo de preparación: 10 minutos

Tiempo de cocción: 13 minutos

Porciones: 4

Ingredientes:

- 4 × 8 oz. de solomillo
- 1 cucharada de mantequilla, preferiblemente
- alimentado con hierba
- Para la marinada:
- ¼ de taza de aminoácidos de coco
- ½ cucharadita de pimienta negra
- ¼ de taza de aceite de oliva
- 1 cucharadita de sal marina
- 2 cucharadas de vinagre balsámico
- ½ cucharadita de ajo en polvo
- 1 cucharadita de condimento italiano

Direcciones:

1. En primer lugar, adobe el filete con la marinada y déjelo marinar toda la noche si el tiempo lo permite.
2. Antes de cocinar, descongele la carne una media hora antes.
3. Precalentar el horno a 200 C o 400 F.
4. Mientras tanto, calentar una sartén grande de hierro fundido a fuego medio-alto.
5. Ahora, echa la mantequilla con una cuchara y derrítela.

6. A continuación, coloque los filetes en una sola capa en la sartén y dórelos durante 2 o 3 minutos por cada lado o hasta que estén dorados con marcas de la parrilla.

7. A continuación, transfiera la sartén al horno. Hornee de 3 a 6 minutos o hasta que se cocine al nivel deseado.

8. Saque la sartén del horno. Deje que se enfríe durante 5 minutos antes de cortarla.

9. Sírvelo caliente.

Nutrición: Calorías: 475Kcal Carbohidratos: 5g Grasa: 26g Fibra: 0g Grasa saturada: 9g Azúcar: 1g Proteínas: 49g Sodio: 554mg

Pollo envuelto en tocino

Tiempo de preparación: 5 minutos

Tiempo de cocción: 20 minutos

Porciones: 4

Ingredientes:

- 1 lb. Lomo de pechuga de pollo
- 8 rebanadas de tocino
- 4 rodajas de queso Cheddar añejo, cortadas en dos

Direcciones:

1. En primer lugar, para preparar este fácil plato de pollo, vierta agua en un recipiente grande lleno de agua tibia y añada sal con una cuchara. Mezcla.
2. A continuación, coloque el lomo de pechuga de pollo en él y remójelo durante un mínimo de 10 minutos.
3. Consejo: El pollo debe estar sumergido en él.
4. Precalentar el horno a 230 C
5. Ahora, saca el pollo del agua y sécalo con una toalla de papel.
6. A continuación, haz un corte en el centro de los trozos de pollo y coloca las lonchas de queso.
7. Después, envuelve el tocino sobre el pollo relleno.
8. Una vez cubiertos, coloque los trozos de pollo en una bandeja para hornear forrada con papel pergamino engrasado.

9. Por último, hornear durante unos 15 minutos o hasta que el pollo esté bien cocido.

10. Cuando esté hecho, mantenga los trozos de pollo bajo la parrilla durante 2 o 3 minutos para que queden más crujientes.

Nutrición: Calorías: 301Kcal Carbohidratos: 1g Grasa: 17g Proteínas: 35g

Lomo de cerdo

Tiempo de preparación: 10 minutos

Tiempo de cocción: 20 minutos

Porciones: 8

Ingredientes:

- 1 lb. × 2 Solomillos de cerdo
- ½ cucharadita de orégano seco
- 1 cucharada de aceite de oliva
- 1 cucharada de mostaza de Dijon
- Para la salsa:
- 1 cucharadita de estragón
- ¼ cucharadita de ajo en polvo
- 2 cucharaditas de rábano picante
- 1 taza de caldo de pollo
- Sal y pimienta, según sea necesario
- 1/3 de taza de nata líquida
- 1 cucharada de mostaza de Dijon
- 1 cucharada de mantequilla, preferiblemente de pasto

Direcciones:

1. Para empezar, corta cada uno de los solomillos de cerdo en tres trozos.
2. Con la ayuda de un mazo para carne, machacar los trozos de carne hasta que tengan ½ grosor. Colócalo en un plato grande y ancho.

3. Ahora, eche el aceite de oliva, la pimienta, el orégano y la mostaza de Dijon. Déjelo a un lado durante 15 minutos.

4. Mientras tanto, poner en una sartén todos los ingredientes necesarios para hacer la salsa, excluyendo la mantequilla.

5. Llevar la salsa a ebullición y bajar el fuego. Cocer a fuego lento la mezcla durante 12 minutos o hasta que espese.

6. Fuera del fuego y añadir la mantequilla con una cuchara. Batir bien.

7. Precaliente la parrilla a fuego alto.

8. Coloque los trozos de cerdo a fuego alto y áselos durante 4 minutos por lado o hasta que estén ligeramente rosados por dentro.

9. Déjelo a un lado durante 5 minutos.

10. Sírvelo caliente y rocía la salsa por encima. Disfrute.

Nutrición: Calorías: 229Kcal Carbohidratos: 0.01g Grasa: 11g Proteínas: 24g

Chuletas de cerdo con mantequilla de romero

Tiempo de preparación: 5 minutos

Tiempo de cocción: 20 minutos

Porciones: 4

Ingredientes:

- ½ cucharada de aceite de oliva
- 2 cucharadas de mantequilla
- 1 cucharada de romero
- Cuatro chuletas de cerdo
- Sal y pimienta negra al gusto
- Una pizca de pimentón
- ½ cucharadita de chile en polvo

Direcciones:

3. Frote las chuletas de cerdo con aceite de oliva, sal, pimienta negra, pimentón y chile en polvo. Caliente una parrilla a fuego medio, añada las chuletas de cerdo y cocínelas durante 10 minutos, dándoles la vuelta una vez a mitad de camino.

4. Retirar a un plato para servir. En una sartén a fuego lento, calentar la mantequilla hasta que adquiera un color marrón nuez. Verter sobre las chuletas de cerdo, espolvorear con romero y servir.

Nutrición: Calorías 363 Grasas 21,4 g Carbohidratos 3,8 g Proteínas 38,5 g

---

SOPA Y GUISADOS

Chili de búfalo

Tiempo de preparación: 25 minutos

Tiempo de cocción: 35 minutos

Porciones: 8

Ingredientes:

- Lb. Búfalo molido
- Latas de tomates enteros pelados
- 8 C de caldo de carne
- 1 cebolla blanca mediana
- Pasta de comino
- 1 cucharada de sal
- 1 cucharada de pimienta negra
- 2 dientes de ajo grandes
- 1 cucharada de ajo en polvo
- 1 cucharada de cebolla en polvo
- ¼ C de chile en polvo

Direcciones:

1 Picar la cebolla. En una olla grande, dore la carne con la cebolla. Añade todos los condimentos con una de las dos latas de tomate y con la cuchara dale un golpe a los tomates. Cocer a fuego lento durante 15 minutos y luego

añadir el resto del caldo. Cocer a fuego lento y tapado durante 30 minutos o el tiempo que se tenga, removiendo de vez en cuando.

2   Servir con pan de maíz o pan frito nativo.

Nutrición: 261 calorías 5g de grasas 8g de fibra

Sopa de setas y puerros

Tiempo de preparación: 10 minutos

Tiempo de cocción: 30 minutos

Porciones: 4

Ingredientes:

- 1 cucharada de aceite de oliva
- 1 puerro grande, cortado en rodajas finas (sólo las partes blancas y verdes claras)
- 1 ½ libras de champiñones frescos cortados en rodajas
- 1 cebolla blanca pequeña, picada
- dientes de ajo picado
- tazas de caldo de verduras (divididas)
- cucharadas de polvo de arrurruz
- ¼ de taza de leche de coco en lata
- 1 cucharada de tomillo fresco picado
- 1 cucharada de romero fresco picado
- Sal y pimienta, al gusto

Direcciones:

1 Calentar el aceite en una cacerola grande a fuego medio. Añadir los puerros y cocinarlos durante 4 o 5 minutos hasta que se doren. Añade los champiñones, la cebolla y el ajo y cocina de 6 a 8 minutos hasta que estén tiernos.

2 Vierte 2 cucharadas de caldo de verduras y raspa los restos de color marrón del fondo de la sartén. Añade el

—

arrurruz en polvo y luego la leche de coco y el resto del caldo.

3 Llevar la mezcla a fuego lento y añadir las hierbas, la sal y la pimienta. Cocer a fuego lento la sopa, tapada, de 15 a 20 minutos y servirla caliente.

Nutrición: 180 Calorías 17g Carbohidratos 9g Grasas 5g Proteínas

Estofado de cordero y verduras de raíz

Tiempo de preparación: 15 minutos

Tiempo de cocción: 30 minutos

Porciones: 1

Ingredientes:

- 1 cucharada de aceite de coco
- zanahorias grandes, peladas y cortadas en rodajas
- nabos medianos, pelados y cortados en rodajas
- 1 chirivía grande, pelada y cortada en rodajas
- 1 batata grande, pelada y picada
- 1 cebolla amarilla grande, picada
- Jarrete de cordero de 1 libra, picado
- (14 onzas) latas de tomates cortados en cubos
- tazas de caldo de carne (bajo en sodio)
- 1 cucharadita de romero fresco picado
- ½ cucharadita de tomillo fresco picado
- Sal y pimienta

Direcciones:

1 Calentar el aceite en una cacerola grande a fuego medio-alto. Añadir las verduras y cocinarlas durante 4 o 5 minutos hasta que se doren ligeramente. Incorpore el cordero junto con los tomates, el caldo y los condimentos.

2 Llevar la mezcla a ebullición y luego reducir el fuego y cocer a fuego lento, tapado, durante una hora - remover

cada 15 minutos. Destape la olla y cocine a fuego lento durante otros 45 minutos y sirva caliente.

Nutrición: 355 Calorías 22g Carbohidratos 19g Grasas 25g Proteínas

Sopa fácil de pollo y verduras

Tiempo de preparación: 10 minutos

Tiempo de cocción: 40 minutos

Porciones: 6

Ingredientes:

- 1 cucharada de aceite de oliva
- tazas de pechuga de pollo cocida, picada
- 1 cebolla amarilla mediana, picada
- 1 puerro pequeño, cortado en rodajas finas (sólo las partes blancas y verdes claras)
- 8 tazas de caldo de pollo bajo en sodio
- zanahorias grandes, peladas y cortadas en rodajas
- 1 calabacín mediano, cortado en rodajas
- 1 tallo grande de apio, cortado en rodajas
- 1 pimiento rojo, cortado en dados
- 1 taza de tomates picados
- ¼ de taza de perejil fresco picado
- 1 cucharadita de tomillo fresco picado
- ½ cucharadita de estragón fresco picado
- Sal y pimienta

Direcciones:

1. Calentar el aceite en una olla grande a fuego medio. Añade el pollo, las cebollas y los puerros y cocina de 4 a 5 minutos. Incorporar el resto de los ingredientes y llevar a ebullición.

2   Reduzca el fuego y cueza a fuego lento durante 20 minutos hasta que las verduras estén tiernas y el pollo esté bien caliente. Salpimentar al gusto y servir caliente.

Nutrición: 157 Calorías 24g Carbohidratos 4g Grasas 18g Proteínas

Sopa de calabaza con especias

Tiempo de preparación: 15 minutos

Tiempo de cocción: 25 minutos

Porciones: 6

Ingredientes:

- 1 cucharada de mantequilla
- 1 taza de cebolla picada
- cucharadas de harina de coco
- ½ cucharadita de curry en polvo
- ¼ de cucharadita de comino
- ¼ de cucharadita de nuez moscada molida
- dientes de ajo machacados
- 1 taza de batata pelada y cortada en cubos
- ¼ de cucharadita de sal
- latas de 14oz. de caldo de pollo bajo en sodio
- 1 lata de calabaza de 15 oz.
- 1 taza de leche 1%.
- 1 cucharada de zumo de lima fresco

Direcciones:

1 Calentar 1 cucharada de aceite en una cacerola grande a fuego medio. Derretir la mantequilla en una olla o cacerola grande a fuego medio-alto. Sofreír la cebolla durante 3-4 minutos y luego añadir la harina, el curry, el ajo, el comino y la nuez moscada y sofreír durante 1 minuto.

2   Añadir el boniato, la sal, el caldo de pollo y la calabaza y
    llevar a ebullición. Reducir el fuego a medio-bajo y cocer
    a fuego lento, parcialmente tapado, durante unos 20-25
    minutos o hasta que los boniatos estén cocidos y
    ablandados.

3   Retirar del fuego y dejar reposar durante 10 minutos
    para que se enfríe. Poner la mitad de la mezcla de
    calabaza en una batidora y procesar hasta que quede
    suave. Con un colador, vierta la sopa de nuevo en la
    cacerola. Repita la operación con el resto de la sopa. Suba
    el fuego a medio y añada la leche y cocine durante 5
    minutos o hasta que la sopa esté bien caliente. Retirar del
    fuego y añadir el zumo de lima.

Nutrición: 164 Calorías 23g Carbohidratos 5g Grasas 10g
Proteínas

Curry tailandés de coco y verduras

Tiempo de preparación: 15 minutos

Tiempo de cocción: 25 minutos

Porciones: 4

Ingredientes:

- 1 cucharada de aceite de coco
- 1 cebolla amarilla mediana, picada
- 1 cucharada de jengibre fresco rallado
- 1 cucharada de ajo fresco picado
- 1 taza de zanahorias en rodajas
- pimientos morrones, descorazonados y picados
- cucharadas de pasta de curry tailandesa
- 1 lata (14 onzas) de leche de coco (entera)
- ½ taza de caldo de verduras
- tazas de col rizada fresca picada
- Sal, al gusto

Direcciones:

1 Calentar el aceite en una sartén grande a fuego medio. Añada la cebolla y cocínela hasta que esté transparente, unos 4 o 5 minutos. Incorpore el jengibre y el ajo y cocine durante otros 30 segundos.

2 Añada las zanahorias y los pimientos y cocine de 4 a 5 minutos hasta que estén tiernos, removiendo de vez en cuando. Añadir la pasta de curry y cocinar durante 2 minutos.

3   Añade la leche de coco, el caldo de verduras y la col rizada y remueve bien. Llevar a ebullición y luego reducir el fuego y cocer a fuego lento durante 5 a 10 minutos hasta que las verduras estén tiernas, removiendo si es necesario. Sazona el curry con sal al gusto y sirve caliente.

Nutrición: 187 Calorías 24g Carbohidratos 7g Grasas 7g Proteínas

VERDURAS

Ensalada tropical de mango y lechuga

Tiempo de preparación: 15 minutos

Tiempo de cocción: 5 minutos

Porción: 2

Ingredientes:

- ½ mano de lechuga romana
- ½ de mano de lechuga de roble ruborizada
- 1/3 de taza de berros
- mangos verdes
- 1 pepino
- 1/3 de taza de cacahuetes
- Para el aderezo:
- 1 mango pequeño
- cucharadas de vinagre de vino blanco
- cucharaditas de mostaza de Dijon
- 1/4 de taza de aceite de oliva
- 1/3 de taza de zumo de manzana natural
- Sal y pimienta al gusto

Direcciones:

1 Lavar las lechugas, los berros y el pepino y escurrirlos bien (dejarlos secos) Utilizar una ensaladera grande y

combinar la lechuga romana y la lechuga Butter Oak (desmenuzarlas en el cuenco con las manos) y luego añadir las hojas de berros, dejarlas aparte Pelar los mangos y cortar cada uno de ellos a lo largo de cada lado (arriba y abajo) desechar la semilla del centro, y luego cortar los mangos en dados pequeños. Poner en un bol pequeño Coger el pepino y cortar los dos extremos. Pasa un tenedor a lo largo de todo el pepino y luego córtalo por la mitad (a lo largo), utiliza una cuchara pequeña y raspa y desecha las semillas. Corta el pepino por la mitad y luego corta rodajas en sentido transversal (es bueno que el tamaño del pepino sea más o menos el mismo que el de los dados de mango) vierte los pepinos en el bol con los mangos. Para hacer el aliño: pela y quita las semillas al mango, hazlo puré con una batidora o un robot de cocina y pásalo por un colador. Vierta el mango colado en una batidora y añada el vinagre (o el vinagre y el zumo de lima), 2 cucharaditas de mostaza de Dijon, el aceite de oliva y el zumo de manzana. Licuar hasta que quede suave y luego sazonar con sal y pimienta al gusto. Añade el mango y el pepino al bol de la lechuga y mézclalo, luego vierte el aliño y revuélvelo. Añada los cacahuetes y vuelva a mezclar.

Nutrición: 108 calorías 2g de fibra 14g de carbohidratos

Panceta, pera y rúcula

Tiempo de preparación: 15 minutos

Tiempo de cocción: 5 minutos

Raciones: 2

Ingredientes:

- Para la ensalada:
- tazas de rúcula pequeña
- cucharada de aceite de oliva
- oz de panceta cortada en rodajas finas
- peras firmes y maduras
- Para la vinagreta:
- 1/2 cucharada de zumo de limón fresco
- 1 cucharada de miel suave
- 1 cucharada de vinagre de champán
- 1/8 cucharadita de pimienta negra molida
- cucharadas de aceite de oliva
- 1/8 cucharadita de sal

Direcciones:

1 Utilice una ensaladera y bata el zumo de limón, la miel suave, el vinagre de champán, la pimienta y la sal. Vierta el aceite de oliva cucharada a cucharada batiendo entre cada una de ellas hasta que todo esté bien mezclado. Coloque una sartén pesada a fuego medio y cocine la panceta en el aceite, dándole la vuelta a menudo, hasta que quede crujiente (esto debería llevar de 4 a 6 minutos)

—

2   Poner la panceta cocida en papel absorbente para que escurra el aceite, la panceta quedará crujiente una vez que esté crujiente picarla en trozos del tamaño de un bocado Lavar, secar y quitar el corazón a las peras, cortarlas a lo largo en rodajas de aproximadamente ¼ de pulgada de grosor. Añade la rúcula a la ensaladera con la salsa y remueve, añade las peras, el queso y la panceta y remueve un poco más. Sirve la ensalada.

Nutrición: 119 calorías 16g de carbohidratos 3g de proteínas

Ensalada de verduras y huevos

Tiempo de preparación: 10 minutos

Tiempo de cocción: 10 minutos

Porciones: 4

Ingredientes:

- 1 aguacate, sin hueso, pelado y picado
- 1 cebolla roja pequeña, picada
- huevos
- 1 pimiento rojo pequeño, picado
- ¼ de taza de mayonesa casera
- Una pizca de sal marina
- Pimienta negra al gusto
- 1 cucharada de zumo de limón

Direcciones:

1 Ponga los huevos en una cacerola grande, añada agua hasta cubrirlos, colóquelos en la estufa a fuego medio-alto, llévelos a ebullición, reduzca el fuego a bajo y cocine durante 10 minutos.

2 Escurrir los huevos, dejarlos en agua fría para que se enfríen, pelarlos, picarlos y ponerlos en una ensaladera.

3 Añade una pizca de sal marina y pimienta al gusto, la cebolla, el pimiento, el aguacate, el zumo de limón y la mayonesa, remueve para cubrir y sirve enseguida.

Nutrición: 240 calorías 19,2g de grasa 4g de fibra

Tazón de tomate y pera

Tiempo de preparación: 10 minutos

Tiempo de cocción: 0 minutos

Porciones: 4

Ingredientes:

- 1 pera, en rodajas
- tazas de hojas de lechuga, rasgadas
- 1 pepino pequeño, picado
- ½ taza de tomates cherry cortados por la mitad
- ½ taza de uvas rojas, cortadas por la mitad
- Una pizca de sal marina
- Pimienta negra al gusto
- cucharadas de zumo de naranja
- ¼ de taza de aceite de oliva virgen extra
- 1 cucharada de ralladura de naranja
- 1 cucharada de perejil picado

Direcciones:

1 En un bol, mezclar todos los ingredientes, mezclar, repartir en los platos y servir.

Nutrición: 174 calorías 12,9g de grasa 16,2g de carbohidratos

Brochetas de salchicha de albaricoque

Tiempo de preparación: 10 minutos

Tiempo de cocción: 15 minutos

Porciones: 4

Ingredientes

- 3/4 de taza de conservas de albaricoque
- 3/4 de taza de mostaza de Dijon
- 1 libra de cuerda de salchicha polaca Johnsonville® Fully Cooked Kielbasa, cortada en 12 trozos
- 12 albaricoques secos
- 12 setas frescas medianas

Dirección

1 Mezcle las conservas y la mostaza en un bol pequeño. Reserve 1/2 taza para servir más tarde. Ensartar alternativamente la salchicha, los champiñones y los albaricoques en cuatro brochetas de metal o de madera empapadas en agua. Cocine en una parrilla cubierta a fuego indirecto, dándole la vuelta y rociando a menudo con la salsa restante, durante 15-20 minutos, o hasta que los jugos de la carne sean transparentes. Calentar la salsa reservada y servir caliente con las brochetas y el arroz.

Nutrición: 617 calorías: 4g de fibra 60g de carbohidratos 20g de proteínas.

MERIENDA Y POSTRES

Ensalada de col con aderezo de aguacate

Tiempo de preparación: 15 minutos

Tiempo de cocción: 0 minutos

Porciones: 6

Ingredientes:

- Una cabeza pequeña de col verde, cortada en rodajas finas
- ½ taza de col roja rallada
- Un pimiento rojo pequeño, cortado en dados
- 1 taza de aceite de aguacate
- 1 huevo grande, batido
- Zumo de 1 lima
- 1 diente de ajo picado
- Sal al gusto

Direcciones:

1. Combinar las coles ralladas con los pimientos rojos en un bol.
2. Ponga el aceite de aguacate, el huevo, el zumo de lima y el ajo en una batidora.
3. Mezclar sin problemas y sazonar con sal al gusto.
4. Mezclar el aderezo con la ensalada y enfriar hasta el momento de servir.

Nutrición: Calorías 100 Grasas, 6g Proteínas, 3g Carbohidratos netos 6g

Bombas de Grasa de Crema

Tiempo de preparación: 5 minutos

Tiempo de cocción: 0 minutos

Porciones: 10

Ingredientes:

- 4 onzas de queso crema, ablandado
- ½ taza de crema de leche
- ½ taza de aceite de coco
- Una cucharadita de extracto de naranja
- De 8 a 12 gotas de extracto líquido de stevia

Direcciones:

1. Combine el queso crema, la crema de leche y el aceite de coco en un bol.
2. Mezclar con una batidora de inmersión hasta que esté suave - microondas si es necesario para ablandar.
3. Añada el extracto de naranja y la stevia líquida.
4. Colocar la mezcla en moldes de silicona y congelar durante 3 horas hasta que esté sólida.
5. Saque las bombas de grasa del molde y guárdelas en el congelador.

Nutrición: Calorías 155 Grasas 17g Proteínas 1g Carbohidratos netos 0,5g

Bocados de coliflor al horno

Tiempo de preparación: 15 minutos

Tiempo de cocción: 25 minutos

Porciones: 4

Ingredientes:

- Una cabeza pequeña de coliflor, picada
- ¼ de taza de harina de coco
- Dos huevos grandes
- ½ cucharadita de ajo en polvo
- ¼ de cucharadita de cebolla en polvo
- Sal y pimienta al gusto

Direcciones:

1. Precalentar el horno a 400 F
2. Colocar la coliflor en una cacerola y cubrirla con agua.
3. Hervir hasta que la coliflor esté tierna, luego escurrirla y ponerla en un procesador de alimentos.
4. Pulse hasta obtener granos similares a los del arroz y, a continuación, incorpore el resto de los ingredientes.
5. Deje caer la combinación en la bandeja de hornear en una cucharada redonda.
6. Hornear de 20 a 25 minutos o esperar a que se dore, dándole la vuelta una vez a mitad de camino.

Nutrición: Calorías 100 Grasas 4,5g Proteínas 6g Carbohidratos netos 4g

Camarones envueltos en tocino

Tiempo de preparación: 10 minutos

Tiempo de cocción: 15 minutos

Porciones: 4

Ingredientes:

- Seis rebanadas de tocino crudo
- Sal y pimienta
- 12 gambas grandes, peladas y desvenadas
- Pimentón al gusto

Direcciones:

1. Precalentar el horno a 425 F
2. Corta el bacon por la mitad y envuelve cada gamba con un trozo.
3. Coloque las gambas en la bandeja de horno y espolvoree con pimentón, sal y pimienta.
4. Rocíe ligeramente con aceite en aerosol y hornee durante 15 minutos hasta que el tocino esté crujiente.

Nutrición: Calorías 100 Grasas 6g Proteínas 9g Carbohidratos netos 0,5g

Pastel de queso de frambuesa

Tiempo de preparación: 5 minutos

Tiempo de cocción: 0 minutos

Porciones: 4

Ingredientes:

- 1 taza de nata líquida (para montar)
- 8 onzas de queso crema, a temperatura ambiente
- 4 onzas de frambuesas
- ½ taza de sustituto del azúcar (como Swerve)
- Una cucharadita de extracto de vainilla
- Pizca de sal

Direcciones:

1. En una batidora o en un bol con una batidora de mano, monte la nata hasta obtener picos firmes, de 2 a 4 minutos.
2. Añada el queso crema, las frambuesas, el sustituto del azúcar, la vainilla y la sal, y bata hasta que esté suave y bien combinado.

Nutrición: Calorías: 417 Grasas totales: 41g Proteínas: 5g Carbohidratos totales: 7g Colesterol: 143mg

Caramelo caliente

Tiempo de preparación: 5 minutos

Tiempo de cocción: 10 minutos

Porciones: 10

Ingredientes:

- ½ taza (1 barra) de mantequilla salada
- 4 onzas de chocolate negro (85% o más)
- Dos cucharadas de cacao en polvo sin azúcar
- 1 taza de sustituto del azúcar (como Swerve)
- 1 taza de nata líquida (para montar)
- Dos cucharaditas de extracto de vainilla
- Pizca de sal

Direcciones:

1. En un cazo, disolver la mantequilla y el chocolate. Añadir el cacao en polvo y el edulcorante, y batir hasta que el polvo y el edulcorante se disuelvan de 3 a 5 minutos.
2. Añadir la nata y llevar a ebullición, removiendo constantemente. Reducir el fuego a bajo y añadir la vainilla y la sal.
3. Retirar del fuego, dejar reposar 5 minutos y servir caliente sobre su postre favorito.

Nutrición: Calorías: 237 Grasas totales: 24g Proteínas: 2g Carbohidratos totales: 5g Fibra: 2g Colesterol: 57mg

Salsa de caramelo caliente

Tiempo de preparación: 5 minutos

Tiempo de cocción: 10 minutos

Porciones: 8

Ingredientes:

- ½ taza (1 barra) de mantequilla salada
- ¼ de taza de sustituto del azúcar (como Swerve)
- 1 taza de nata líquida (para montar)
- ¼ a ½ cucharadita de goma xantana
- ½ cucharadita de sal

Direcciones:

1. En una cacerola grande a fuego medio-bajo, disolver la mantequilla. Bata el sustituto del azúcar hasta que se disuelva y se incorpore, de 3 a 5 minutos.
2. Añadir la nata, la goma xantana y la sal a la mezcla, batiendo continuamente. Llevar a ebullición y dejar hervir durante 1 minuto, luego retirar del fuego.
3. Servir caliente.

Nutrición: Calorías: 202 Grasas totales: 22g Proteínas: 1g Carbohidratos totales: 1g Colesterol: 71mg

Mousse de chocolate en 5 minutos

Tiempo de preparación: 5 minutos

Tiempo de cocción: 0 minutos

Porciones: 4

Ingredientes:

- 1 lata (14 onzas) de crema de coco, refrigerada
- Tres cucharadas de cacao en polvo sin azúcar
- ¼ de taza de sustituto del azúcar (como Swerve)
- Una cucharadita de extracto de vainilla

Direcciones:

1. En un bol grande, bata la crema de coco con una batidora de mano hasta que esté esponjosa, unos 3 minutos. Si no tiene una batidora de mano, puede batirla en la batidora.
2. Incorpore el cacao en polvo, el sustituto del azúcar y la vainilla y sirva inmediatamente.

Nutrición: Calorías: 222 Grasas totales: 22g Proteínas: 1g Carbohidratos totales: 5g Colesterol: 0mg

Mousse de calabaza

Tiempo de preparación: 10 minutos

Tiempo de cocción: 30 minutos

Porciones: 4

Ingredientes:

- 8 onzas de queso crema, a temperatura ambiente
- 1 taza de puré de calabaza en lata
- 1 taza de nata líquida (para montar)
- Dos cucharadas de sustituto del azúcar (como Swerve)
- Una cucharadita de extracto de vainilla
- Una cucharadita de especia de pastel de calabaza
- ½ cucharadita de canela molida

Direcciones:

1. En una batidora grande o en un cuenco grande con una batidora de mano, bata el queso crema y la calabaza hasta que esté suave, de 1 a 2 minutos. Si no tiene ningún tipo de batidora, puede utilizar una batidora.
2. Añadir la nata, el edulcorante, la vainilla, la especia de pastel de calabaza y la canela. Mézclalo a tope de 3 a 5 minutos, o hasta que esté esponjoso.
3. Enfriar durante 30 minutos antes de servir.

Nutrición: Calorías: 419 Grasas totales: 41g Proteínas: 6g Carbohidratos totales: 9g Colesterol: 144mg

Tarta de galletas de chocolate

Tiempo de preparación: 5 minutos

Tiempo de cocción: 2 minutos

Raciones: 2

Ingredientes:

- Dos cucharadas de mantequilla salada
- Dos cucharadas de sustituto del azúcar (como Swerve)
- Dos cucharadas de harina de almendra
- Dos cucharadas de nata espesa (para montar) o nata de coco
- 1 huevo grande
- Una cucharadita de canela molida, más para servir
- ½ cucharadita de extracto de vainilla
- ½ cucharadita de levadura en polvo
- ¼ de cucharadita de cremor tártaro
- ¼ de cucharadita de sal (opcional)
- Canela, para espolvorear

Direcciones:

1. En una taza de café o en un vaso medidor, calentar la mantequilla en el microondas hasta que se derrita, unos 30 segundos. Añadir el sustituto del azúcar y remover enérgicamente con un tenedor. Añadir la harina de almendras, la nata, el huevo, la canela, la vainilla, la levadura en polvo, el tártaro y la sal (si se utiliza), y mezclar hasta que todo esté combinado.

2. Caliente en el microondas de 50 a 70 segundos, o hasta que el centro del pastel esté húmedo; tenga cuidado de no cocinarlo demasiado.
3. Espolvorear con canela y servir.

Nutrición: Calorías: 229 Grasas totales,: 23g Proteínas: 5g Carbohidratos totales: 2g Colesterol: 145mg

Lightning Source UK Ltd.
Milton Keynes UK
UKHW020640100521
383461UK00014B/935